AF599515

La biographie du naufragé

Oscar Latargez

La biographie du naufragé

LE LYS BLEU
ÉDITIONS

ISBN : 979-10-422-2351-9

Note de l'auteur

Ce livre n'est pas une conclusion.
Il n'a rien d'un point final.
Ce n'est que la représentation d'une observation.
D'un point de vue.
Il illustre ma vision de ma propre existence à un moment précis.
Avec tous ces désaccords et faux raccords.
Un simple point de vue figé dans un écrit et détourné en un monde.
Voyez donc l'épilogue de ce livre comme le tout premier chapitre.

Pour ma famille.
Pour mon meilleur ami.
Pour cette fille.
Pour le moi d'il y a huit ans…
Vous êtes mes fondateurs.
C'est à vous que s'adresse ce récit.

Initiation à l'art de couler

Avant que vous ne débutiez votre lecture,
je dois me confesser…
Je vous ai menti.
Le titre de cet ouvrage est mensonger.
Ce livre n'est pas une biographie.
Du moins, il n'en a pas la forme.
Dans ce livre, je ne vais pas simplement vous résumer mon histoire.
Je vais plutôt vous en conter une.
Cette histoire, qu'entre ses lignes, vous dévoilera une partie d'un vécu.
Mon vécu.
De ses points clés à quelques hontes et regrets masqués entre deux paragraphes.
Le tout sera parfois caché entre de minutieux détails.
N'oubliez pas…
Il n'y a qu'entre les lignes de l'histoire qu'on peut lire l'auteur.
À travers ces informations, ces ridicules lettres,
je vais vous dévoiler presque tout de moi.

Il y aura, dans quelques-unes de ces pages,
des dessins illustrant les propos et les actions du roman.
C'est probablement puisque les vingt-six mêmes lettres répétées finirent par me lasser.
Mais n'épargnez pas ces dessins du récit.
Si vous décidez de prendre en compte un mot ou une phrase,
pourquoi ne pas faire de même avec un dessin marqué par la même encre ?
De plus, chaque dessin est un peu comme une phrase finalement.
Eux aussi cherchent à vous dire quelque chose…
Alors, si vous souhaitez comprendre l'entièreté du livre ;
Lisez ces dessins.

Finalement, peu importe, laissez-vous guider dans ce récit.
Pour ma part, l'histoire a déjà été tracée.
Soyons honnêtes.
Si vous lisez cette sorte de biographie,
ce n'est pas simplement pour mieux me connaître.
C'est pour tirer des conclusions de mes erreurs ou de mes réussites !
Soyez-en ravis, vous en aurez l'occasion.

Évidemment qu'il y aura des leçons à tirer de cette histoire !
Toute bonne histoire est garnie de morales.

Mon but dans cet ouvrage est avant tout vous permettre d'en tirer une leçon, y apporter une conclusion.
Votre conclusion.

J'ai écrit ce récit avec le cœur. Sachez-le.
En mélangeant mes larmes à l'encre de mes lettres.
En remplaçant chaque point par un grain de sel.
Je ne suis pas un auteur. Ni même un poète.
J'essaie simplement de faire parler mon âme.
D'apprendre aussi à lui parler.
Alors, peut-être que cette histoire sera un peu bancale.
Peut-être que la construction du tout sera sens dessus dessous.

Tout ça est basé sur une vie bien réelle.
Je n'ai pas cherché à trop remodeler son centre pour rentrer dans les codes des romans fantastiques.
Vous n'avez qu'à le voir comme un livre expérimental si vous ressentez le besoin de lui mettre une étiquette.
Mais n'oubliez pas que derrière toutes ces failles se cache un vécu plein d'amour et d'émois.
Vous aurez d'ailleurs l'occasion de contempler cette vérité durant votre lecture.

Cet ouvrage a un but.
Transvaser mon vécu dans le vôtre.
Pour vous servir. Vous instruire.
Vous guider vers le progrès.
Vers la lueur du soleil de l'été.

Maintenant que mes avertissements sont achevés,
je vais pouvoir vous plonger dans un univers merveilleux.
Inspiré par tout ce qui m'a inspiré.
Je vais vous faire part d'une histoire.
À première vue hallucinante et déjantée.
Pourtant, soyez-en certain,
une vie bien réelle est décrite à travers tout cela !
Par des métaphores et des allégories,
je vous dévoilerai l'essentiel qui m'a construit.
Des plus gros morceaux,
aux quelques infimes éclats que je cherchais à camoufler sous le tapis.
Maintenant, mettez votre crédulité de côté.
Croyez-moi…
Dans cet univers, la garder serait un poids !

C'est maintenant.
Fermez vos oreilles.
Éteignez votre cerveau.
Ouvrez grand votre cœur !
Une noyade de sagesse vous attend.

La laisserez-vous vous consumer ?
C'est ici que l'aventure débute…
Cher Lecteur, chère Lectrice,
Bonne lecture…

Chapitre 1
Et le soleil brillait…

Il était une fois…
Une île.

Elle était solitaire.
Perdue entre d'incalculables troupes de vagues qui formaient l'océan.
Elle s'appuyait sur deux titanesques palmiers pour en créer le plus bel archipel.
Elle était sublime. Divine. Noble et pure.
Les personnes qui l'habitaient brillaient d'une innommable lumière.
Toutes étaient comblées sur cette terre.
Un bonheur si sain qu'il paraissait imaginaire.

Là-bas,
le mal n'existait que dans les contes.
Là-bas,
chaque coin de verdure débordait de fleurs et de bourgeons.
Tout y était parfait.
Baignant sans cesse dans une odeur d'agrumes et de rose.
Des bouquets entiers naissaient sous ces brins dorés.

Sur cette île vivait un garçon.
Le plus heureux d'entre eux.
Un soleil vivant. Faisant rougir toutes herbes sur cette ère.
Il chantait, courait et se réjouissait de chaque courant d'air.
Chaque brise, chaque élément parcourant sa terre.
Tout lui semblait coloré.
Un surplus de couleurs chaudes qui dominait les airs.
Par ces pigments ardents, il se sentait…
Protégé.
Abrité.
Jamais il ne s'est senti en danger.

Ce souffle le guidait,
l'accompagnait,
dans une splendide destinée.

Mais un beau jour,
durant cet été éternel,
une tragédie arriva.
Un jour,
quand le soleil se leva,
le garçon rejoignit la côte.

Il retourna auprès de ces deux rosiers à la sortie du village.
Puis soudain, entre ces deux corps épineux,
il vit la mer.
Cet aplat de bleu qui s'étend sans jamais s'arrêter.
La mer…
Celle qui nous porte une fois adulte.
Celle qui emporte les grands adultes.

Ces flots,
au fond de lui, il les craignait.
Il appréhendait leur rencontre.
Il connaissait ses dangers.
Il avait entendu des tas de rumeurs à son sujet.
Alors que d'autres s'impatientaient de sa venue,
le petit garçon la redoutait.
Malgré tout, il devra un jour s'y aventurer…
C'est un avenir inéluctable qui l'attendait pendant qu'il le masquait sous une infinité de couleurs pastel.
Pour le moment, il avait le temps avant de devoir apprendre…
L'art de nager.
L'art de couler.
De boire la tasse.

Pourtant, aujourd'hui, une mauvaise sensation l'habitait.
Il ressentait une étonnante proximité avec ces eaux.
Il tendit l'oreille pour écouter ce souffle frais qui l'a toujours guidé.
Il l'entendit crier hargneusement.
Entre ces rosiers impatients,
le vent se levait.

La mer grandissait.
Elle montait.
Une vague aussi massive que cette île s'était créée.
Elle avança promptement.
On pouvait même entendre son ventre s'affamer.
L'impact imminent s'impatientait.
Et soudain,
à la seconde d'après,
elle était passée.
Elle traversa l'île avec une simplicité déconcertante.
Avant de s'écrouler dans la mer.
L'île venait de disparaître.
Elle était noyée.

Tout s'était enfoui six pieds sous mer.
Une vie entière noyée par la déchéance de deux éléments contraires.
Lors de la fraction de seconde qui sépara l'utopie à la catastrophe,
on n'entendait rien de plus que les gargouillements de l'océan.
Ainsi que les cris des mouettes, effrayées.
Tout avait trépassé sous ces bruits infernaux.
Tout…
Sauf le petit garçon.

Notre jeune survivant fut sauvé par son bateau de papier.
Celui qu'on lui avait construit pour préparer son voyage à travers la mer une fois adulte.

Il n'avait pas pu être terminé.
À vrai dire, ça n'était qu'un patron du vrai modèle.
Un prototype, rien de plus.
Il était censé être raffiné par des matériaux métalliques dont seuls les adultes comprennent l'utilité.
Alors, pris de court,
son bateau tanguait.
Il gondolait.
Il s'effritait.
Mais malgré sa fragilité et son manque de stabilité pour n'importe quel adulte,
il parvenait à flotter.
Il n'avait beau être qu'un machin enfantin,
c'est lui qui le sauvait d'une noyade certaine.

Ce petit garçon,
maigrichon,
peureux,
abandonné à l'océan et à ses lames d'eaux salées,
c'était moi.
Un jeune naufragé, quasi noyé !

J'y ai perdu bien des choses lors du tsunami…
Ma bouche fut corrodée par le sel de la mer.
Mon cœur a pris peur et a fait machine arrière.
Mes pieds, quant à eux,
ont triplé de volume pour me créer des palmes.
Mes oreilles se sont gonflées pour me créer des bouées.

Me voilà lâché en pleins flots.
Squelettique et peur des eaux.

Sans cœur.
Sans bouche.
Avec des pieds presque aussi longs que mon bateau.
Des oreilles aussi longues qu'une voile.
Livré à un navire aussi bancal et rêveur qu'un enfant.
Jeune naufragé.
Déjà submergé…

Lors de cette catastrophe,
je n'étais qu'un corps inerte.
Une épave en pleine mer.
Guidé par le courant de l'océan qui me berce.
Qui m'endort.
J'aurais aimé m'endormir.
M'endormir rapidement.
Être aussi emporté par la mer,
simplement pour ne plus être seul à la surface.
Je n'avais aucune raison pour supporter tout ça.
Je n'avais rien.
Ni motivation.
Ni quête à accomplir.
Ni passager pour être comblé.
Que moi et mon reflet.
Un reflet déchiré et bondé de failles.

Je ne vivais pour aucune raison.
Aucune joie, aucun passe-temps.
Je ne faisais qu'écouler mon temps en regardant ces vagues macabres, abominé par l'océan.
Je voguais sans aucun but.
J'attendais.
Sans vraiment savoir pourquoi.
À chaque regard lancé à la mer,
j'espérais apercevoir l'ombre d'un mirage.
Ou un miracle.
Un quelconque événement qui redonnerait sens à ce périple délirant.
Je m'obstinais à jeter l'ancre de l'espérance dans une mer infiniment profonde.
C'était l'unique chose que j'avais à faire sur ce navire.
Toujours aussi seul.
Toujours aussi impuissant.
Un jour peut-être,
l'ancre atteindra le fond.
Un jour peut-être,
une créature chimérique perforera ces flots pour m'atteindre.
Un jour peut-être,
une rencontre illusoire redonnera sens à mon existence…
Un jour peut-être,
une odeur de nature dominera celle du sel de l'océan…

Chapitre 2
Sous les chants de la sirène

Comme tous les jours depuis 365 jours,
je fixais amèrement l'horizon sans saveur de l'océan.
Comme tous les jours depuis 365 jours,
une nouvelle nuit glacée se dressait sur ma tête.
Une nouvelle nuit d'attente.
Une nouvelle nuit d'ennui.

Le gel de la mer me malmenait.
Pendant que moi, j'attendais.
J'admirais les fonds invisibles de l'océan.
Puis d'un coup, j'entendis des remous.

L'eau gelée et insipide semblait tout à coup prendre vie.
Ainsi, aussi légèrement que l'ondulation de ces flots inertes,
une étrange mélodie retentit.

Elle était portée par une douce voix.
Aussi douce que l'herbe bousculée par le vent.
Un chant des plus mélodieux qui sonda ces eaux bleues.
Enfin, sans pression, une silhouette parfaite perça l'océan.

Éclairée par la seule lueur blanche qui animait le ciel,
je reconnus grâce à elle les contours taillés d'une sirène.
La plus belle des sirènes.
Elle semblait bien sereine.
Comme si le courant des eaux ne l'affectait pas.
Comme si rien ne lui semblait inquiétant.

Moi j'étais là,
déchiré par le froid et la peur,
à la fixer sans comprendre.
Puis, me sentant coupable de laisser ce soleil nocturne sous silence, je lui écrivis ceci sur le papier de mon bateau :
« Est-ce le courant qui t'a amené ici ? »
Elle comprit par cette action que mon silence agaçant n'était qu'une malédiction des fonds marins.

Je m'attendais à voir son sourire d'ange se défaire.
Le voir s'évincer par des lèvres fermées.
Je m'attendais à une déception bien marquée.

À la place, elle ricana mélodiquement puis me répondit cela…
« Ce que tu appelles le courant, j'appelle ça le destin. »
Par mon mutisme forcé, je lui fis comprendre mon incompréhension.
Alors, aussi compréhensive qu'elle l'est,
elle continua son discours harmonieux…
« En plein centre d'un océan au bleu ennuyeux, je vis un bateau.
C'est comme si, à travers la routine froide et monotone, on forçait mon destin au tien en t'incluant dans cette eau. »

Cette eau, j'aurais bien voulu ne pas y être.
J'y étais par erreur.
À mon jeune âge, je n'avais rien à faire ici.
Malgré tout, elle était là avec moi dans cet amas de bleu fastidieux.
Elle était persuadée que le courant voulait nous confronter.
Moi, j'étais persuadé qu'elle m'apporterait une raison de le supporter.
Je signai alors ce contrat commun par un regard amoureux.

Elle le clôtura par un regard qui me parut identique.
Alors, sous cette nouvelle nuit glacée et ennuyeuse, j'acceptais dans ce ciel maritime une nouvelle étoile.
La plus belle d'entre elles.

De longs mois s'étaient écoulés au gré des flots.
Cela faisait un moment que la sirène et moi parcourions la mer.
Pourtant, ma rencontre avec elle semblait dater d'hier.
Depuis cette nuit,
l'océan me paraissait agréable.
Depuis cette nuit,
je ne craignais plus aucune vague.

Je naviguais avec une étoile filante qui ne filait pas de mon navire.
Elle éclairait mes nuits les plus sombres.
Elle brillait de mille feux chaque seconde.
Sans jamais me lasser d'une luminosité aussi rose.
Sans jamais s'affaisser face à ce bleu saccadé.
Durant ces merveilleux instants, elle et moi avons fait couler beaucoup d'encre…

À défaut de pouvoir lui parler, je lui écrivais.
Un bateau rempli de mots doux et de promesses sur lequel notre idylle voguait chaque matin.
L'océan tout entier semblait nous bercer avec soin et tendresse.
Tout prenait enfin sens.
Ses mains semblaient savoir noyer tous mes manques.
Alors ma tragédie était devenue une chance, car mon île, c'était devenu elle.

Cette idylle colorée et lumineuse,
c'était mon ressenti…
On était jeunes.
J'étais maladroit.
Je l'aimais car j'allais mal.
Je l'aimais, car elle seule savait tenir tête au bleu azur, froid et barbant, qui constituait mes torrents.
En réalité, je n'ai jamais aimé la sirène.
J'aimais ce qu'elle savait m'apporter.

Au fil du temps et des années, les vagues nous éloignaient.
Elle m'offrait toute sa lueur, moi, je lui offrais toutes mes douleurs.
Elle me soignait, moi, je l'épuisais.
Je ne m'en rendais pas compte.
Sa lumière imposante m'aveuglait.

Elle m'enfermait dans une utopie par ses rayons nets.
Mais le temps a toujours été mon pire ennemi.
Alors ce qui devait arriver arriva…
Tout à coup, comme une allumette dans l'océan,
sa lumière s'éteignit.
Cette dernière disparut. Me laissant seul face à ce froid oublié.
La prison paradisiaque éclata.
Mes yeux tentaient de se réhabituer à ce froid.
À cette obscurité.
Après quelques minutes floues, je parvenais à revoir les environs.
Puis après l'extinction de cette chaleur divine,
je ne vis que deux choses.
Un aplat de bleu glacé ainsi que le visage de la sirène.
Un visage malheureux et déchiré.
Bien plus que le mien.

J'assistais soudain au spectacle abominable que son flambeau intérieur me cachait.
La honte me rongeait soudain.
Ce sentiment m'attaqua avec haine pendant que ma peau devenait encore plus blanche que la neige.
Je me sentais soudain coupable.
Je me sentais soudain responsable de son état et son mal-être.
Je tentais de reprendre le contrôle de mon rôle.
Je m'apprêtais à tendre la main vers ma torche éteinte.
Mais il était trop tard…

Je m'avançais vers elle pendant que la honte me bouffait jusqu'à la moelle.
J'avançais, déterminé à rattraper mes erreurs.
Puis à peine mon premier pas vers elle franchi, elle plongea dans l'océan.
Comme un réflexe.

Je paniquais, croyant à la noyade.
À l'autolyse.
Je pensais avoir tué la sirène.
Par mes erreurs, mes échecs répétés.
Aussi faible et idiot que je fusse !
Elle était bien vivante. Mais dorénavant absente.
J'eus seulement le temps de voir sa parfaite silhouette disparaître sous les grandes vagues de l'océan.
J'étais là, seul, abasourdi par le silence gelé qu'elle me laissait.

Je retombais soudain de très haut.
La chute fut des plus douloureuse.
Bien plus qu'un grand plat à trois cents mètres de haut.
En ce long instant, j'étais bien plus isolé qu'un aviateur en plein désert.
Perdu entre la haine et la honte.
Perdu dans ce froid continu…
Elle était ma seule clarté dans ce dédale de couleurs sombres.
Elle seule savait alléger mes noirceurs.
Elle seule savait combler le trou où logeait mon cœur.
J'étais à nouveau isolé face au courant et à ses lames d'eaux géantes.
J'entendais ma conscience me lyncher sans retenue.
Le pire, c'est que je l'aidais dans cette mission.
À présent, aucune zone n'était touchée par la lumière.
Plus rien d'autre qu'un aplat de bleu triste et un noir inondant le ciel.
Mais je sentais une chose s'agrandir au sein de mon corps.
Cet être commençait à brûler ma peau.
À faire bouillir l'extrémité de chacun de mes membres.
Elle s'accentuait jusqu'à remplir mon corps d'une colère infinie.
C'est alors que quelque chose de nouveau s'était tracé en moi…

Une chose bondée d'absence.
Un manque de terre face à une mer irritante.

Quelque chose qui ronge. Quelque chose qui gronde.
C'est vrai, j'étais à nouveau impuissant.
Mais noyé d'abstinence.

Chapitre 3
La renverse

Cela faisait huit jours que la sirène avait filé entre deux vagues de l'océan.

Pourtant, ça semblait durer depuis une éternité…

Un vide énorme s'était créé en moi.

La honte et la colère qui me rongeaient en étaient probablement la cause.

Un sentiment grandissant s'agitait en moi.

Aussi colérique que l'océan.

Ce sentiment était une fusion d'un regret mélangé à une envie d'exister.

Exister pour elle…

Le manque de l'enlacer me brûlait.

L'absence d'une lectrice pour mes écrits m'arrachait.

Depuis que cette baïne s'était creusée en moi,

chacune de mes actions n'était consacrée qu'à sa reconquête.

C'est ainsi que s'était dessiné un manque.

Par le manque, s'était tracée une colère.

Par la colère, c'était créé l'obsession.

L'obsession d'une reconquête.

Je subissais une mer brutale et coléreuse.
Aucun doux chant à l'horizon pour la calmer.
Je subissais l'océan
Son sel brûlait ma peau face au vent.
Mon corps déchiré tremblait par les blizzards des marais.
Mais je ne m'arrêtais pas.
Je gardais le cap face au froid.
J'ai des milliers de vagues à traverser.
J'ai une sirène à retrouver !

C'est cette mentalité qui noya peu à peu mon amour pour la sirène.
C'est cette mentalité qui m'enferma dans ce besoin incontrôlé de la retrouver.
Emporté par la colère de l'abandon,
le mât de mon navire semblait hanté par des remous nostalgiques.
Emporté par la force de l'abondance,
mes yeux se bourraient d'une hantise maritime.
En plein contre-courant, je parvenais à avancer par la force de l'encre obscure qui parsemait mon vaisseau.
Celle abandonnée par la sirène.
Celle avec laquelle j'ai écrit notre idylle.

Ici, elle agissait comme un moteur.
Un moteur tachant,
car sa couleur assombrissait celle de l'océan.
Elle se dissolvait face à tout ce sel et à ces remous.
Ce bleu qui m'était devenu si familier se transformait en un noir profond qui aspirait mon regard.
Qui aspiraient mes envies pour les transformer en besoin de survie.
Mon reflet arraché se confondait peu à peu dans cette eau trouble.
Puis à force de subir ces rafales gelées et salées,
la noyade me tentait.
Comme un réflexe,
je continuais de craindre chaque axe de ces vagues assoiffées.
Pourtant,
seule l'idée gelée qui inondait mon crâne m'aurait été fatale.

Au fil de cette traversée, mes idées se dissolvaient.
Elles se mélangeaient à la mer noire.
Me laissant seul face à mon désir de combler le manque.
Mon corps agissait par réflexe tandis que mon cerveau ne réfléchissait plus qu'à braver le courant.
Sans penser à la raison de cette obsession.
Avant, je compensais l'absence par des litres d'encre.
Ensuite,
j'ai compensé l'absence par la douleur des vents contraires.
C'est là que j'aurai dû m'arrêter.
Prendre une pause puis jeter l'ancre.
Mais à chaque seconde inactive,
je semblais m'éloigner de son chant mélodieux.

Un chant fictif qui résonnait dans mon crâne capricieux.
Alors, sans cesse, je continuais à courir l'océan.
À pourchasser ces fantômes nostalgiques.

Plus la chasse durait, plus mes pensées se confondaient.
Je me mélangeais les pinceaux jusqu'à faire disparaître les raisons de ce fardeau.
À cet instant, je ne pourchassais plus rien.
Je ne faisais que défier le contre-courant.
J'étais persuadé qu'au bout de ces contrariétés se cacherait une île ou une sirène.
Dans ma tête, la souffrance était signe de bon chemin.
J'avais associé les pleurs et la douleur à une fatalité pour être heureux.
Je pensais que je réentendrais à nouveau sa douce voix ou que je retrouverais une nouvelle île.
Je pensais qu'à nouveau, je pourrais admirer autre chose que cet aplat devenu noir.
Je voyais cette torture navale comme un moyen de paiement.
Je la voyais comme l'unique solution pour combler ce manque.
Pour faire taire cette souffrance.
Mais cette souffrance n'a fait que nourrir un besoin d'avoir plus.
De refuser l'infime pour exiger l'immense.
À présent, je ne voulais plus me contenter des remous de mon navire dans l'océan.
Je voulais remuer l'océan tout entier !

Mais quand on se confronte au contre-courant, on finit toujours par être emporté…
Le vent devenait trop fort.
Mon corps était trop faible.
Rien autour de moi ne semblait me tenir.
Me soutenir.
Je m'accrochais à mon navire, obsédé par la conquête.
Tandis que le vent, obsédé par ma perte, transformait le sel sur ma peau en aiguille à coudre.
Je n'avais aucun objectif à part ce besoin vital de braver l'infaisable. Sans réelle raison apparente.
Alors,
le vent m'emporta.
Par un souffle glacé, il fit virevolter mon corps dans les cieux.
Puis une vague transforma mon navire en tremplin durant le temps du souffle.
Soudain,
encore plus déchiré qu'à ma première noyade,
je redécouvris le goût amer de l'eau salée.
Je ressentis la même sensation qu'à l'impact du tsunami sur mon île de cocon.

Me voilà à nouveau bercé par ses flots.
Exactement comme les premières secondes qui ont suivi le déluge de mon enfance.
La mer devenue noire bloquait la visibilité.
Malgré ça, j'apercevais au loin mon vaisseau.
Toujours le même navire à l'horizon,

mais cette fois, je ne cherchais plus à m'y rendre.
J'étais bien trop épuisé pour réessayer l'improbable.
Retenter l'impensable.
J'étais bien trop déçu et arraché.
Déçu de moi que je croyais inarrêtable.
Déçu de mon bateau que j'espérais implacable.

Quand ce navire me portait,
tous les éléments semblaient se déchaîner contre moi.
Tandis que, seul en plein océan,
je ne subissais plus les courants.
Je me laissais simplement abattre.
C'était cent fois moins douloureux de souffrir ici.
Ici, le sel paraît bien moins aigre.
Ici, mon corps et mon crâne semblaient soudain si légers…
Ils semblaient soutenus.
Je pouvais m'apaiser pendant que mes poumons se feraient submerger.
J'hésitais encore à rattraper mon navire et à retenter le coup.
Mais, assoiffé de repos et de calme, la décision de l'abandon me tentait…
J'admirai ce navire et ces vagues qui, dans ce grand bain, ne m'atteignaient plus.
Je pris un moment de réflexion dans ces eaux.
Je pesais le pour et le contre.
Je réfléchissais au plus douloureux ;
La torture ou la noyade…
Ces flots portaient mes membres avec délicatesse.

Je réfléchis…
Je chancelais entre la souffrance et la souffrance.
Mon navire tanguait dans ces eaux.
Je tanguais aussi…

Chapitre 4
En eaux troubles

Après un tiraillement infondé,
j'avais fini par accepter le retour sur mon navire.
Même avec autant d'orgueil, je ne souhaitais pas encore totalement la noyade.
Pour autant, j'avais pris l'habitude de plonger dans l'eau salée quand les vents de la surface étaient trop forts.
C'était devenu une sorte de routine funèbre.
Si bien que je passais plus de temps sous l'eau plutôt qu'à mi-hauteur.
Je me baignais sous cette eau noire.
Je commençais à m'accommoder aux contrariétés de l'océan.
À force, je sentais le sel supplier mon retour quand je sortais des flots.
À force, j'entendais, les vagues me réclamaient à chaque seconde, éloigné d'elles.
Je savais que rester avec elles m'éloignerait de mes desseins tout tracés.
Pourtant, je ne pouvais pas m'en lasser.
Ces vagues, bien qu'elles cherchassent constamment ma noyade, étaient tout ce qu'il me restait…

Au gré du temps, de ma douleur et de l'eau gelée qui me traînait,
je m'éloignais de mon navire.
Je me rendais compte qu'à chaque nouvelle baignade,
mon navire était plus éloigné qu'à celle de la veille.
Je notais cet éloignement. Néanmoins, je ne m'en inquiétais pas.
Le bonheur d'un esprit léger me fait négliger tout autre chose…
Au fil des jours, des semaines et des mois,
les vagues envoyaient mon bateau de plus en plus à la dérive.
Les sentences encrées sur sa coque se dissolvaient.
Comme un très vieux souvenir, je distinguais ces écrits et ces promesses être emportés par les flots.
Puis lors de la baignade fatidique, je continuais à m'aventurer dans ces ères.
Je sentais que le souffle s'accentuait. La colère de la mer qui grondait.
Puis soudain,
un coup de vent fit virevolter mon vaisseau jusqu'à l'autre bout de l'océan.
Je le voyais se dissiper au moment où deux vagues se croisèrent au même moment.
Il disparaissait dans la colère de la mer.
C'était terminé.
Je n'avais plus aucun moyen pour ne pas couler.
Mon destin venait de s'ancrer. Se concrétiser.
Se tracer dans les traits de l'eau noire.

Malgré ça, je ne bougeais pas.
La noyade semblait calme. Agréable.
À mes yeux, je n'avais aucune raison de m'inquiéter.
Tout était si indolore.
À l'époque, je n'avais surtout pas conscience de la douleur qu'impose une réelle noyade.
Mon corps s'enfonçait peu à peu dans cette flotte à l'allure de pétrole.
Comme si on commençait déjà à m'enterrer.
J'admets que, à ce moment,
un brin d'inquiétude sommeillait en moi.
Je redoutais un peu ces prochains instants.
En revanche, l'euphorie créée par la découverte de ces nouveaux lieux empêchait la peur de parler.
Je laissais donc mon corps se faire emporter.
Je sentais mes membres se faire devancer.
Je sentais mes yeux se fondre dans cette texture sombre.
Puis je pris une grande respiration avant que le bout de mon nez ne soit aussi aspiré.
Je rouvris les yeux.
Je fis face à la même vision que lorsque mes yeux étaient clos.
Un noir vide et apathique.
La seule différence était les halos gris de la lumière qui transperçait avec difficulté cette matière noire.
Me voilà à présent dans cet infini aplat de noir qu'on appelle « les profondeurs ».

C'est frustrant comme là-bas tout paraît calme.
Ni le son de l'eau déchiré par le vent.
Ni celui d'une sirène fredonnant ses doux chants.
Rien qu'un constant bruit d'étouffement ainsi que les bruits de ma gorge submergée.
Un calme macabre régnait là-bas.
Mes oreilles gonflées à bloc semblaient tenter de me faire remonter.
Mais l'océan était devenu bien plus épais qu'avant grâce à l'encre qu'il a absorbée.
Alors elles ne pouvaient rien face à cette essence pâteuse.
Elles finirent donc par abandonner.
Elles se dégonflèrent puis elles m'enfoncèrent encore plus dans ce noir épais.
Je les soutenais dans cette sombre décision.

Guidé par ce qui m'éloignait de la lumière,
je continuais mon autolyse sous ces eaux obscures.
Je ne percevais plus rien, six pieds sous mer.
Le son étouffé s'affaissait peu à peu…
Seul un surprenant bruit d'herbe donnait vie à cet endroit.
La seule chose qui persistait sous ces abysses.

C'était l'exact même bruit que le vent faisait lorsqu'il poussait les cheveux verts de ma défunte île.
Ce chaleureux son faisait contraste face à cette noirceur continue.
Ce mélange rendait le tout irréel. Supportable.
Ce son rendait l'exploration… Presque agréable.
Il renforçait le réconfort que ce cimetière aquatique me causait.
Il éloignait la crainte que cette obscurité tapissait.
Le son semblait peu à peu se rapprocher.
Où peut-être était-ce moi qui m'en approchais...

En explorant ces lieux, je ressentis un mouvement dans l'océan.
Un mouvement qui m'encerclait et s'accentuait peu à peu.
Strident. Tordu.
Il s'arrêta subitement…
Le bruit du vide m'affrontait.
Soudain, je sentis qu'une douce masse s'agrippait à ma jambe.
Pris de panique, une partie de l'oxygène que je gardais s'échappa de mon nez.
Je me concentrai sur cette chose agrippée à ma patte, tétanisé par la peur.
Je manquais cruellement d'assurance pour l'arracher.
Cette masse était semblable aux bourgeons qui parcouraient mes terres.
Sa texture créait un contraste énorme.
Comme une tache blanche dans l'encre noire.
Je compris alors que les bruits discordants provenaient d'elle.
C'était devenu une évidence.
Dès le premier contact,

la peur du noir n'existait plus.
Dès le premier contact,
mon esprit semblait baigné par la lumière.
Cette maigre et longue masse soyeuse m'emportait tout doucement vers le fond.
Je sentais peu à peu mon corps se compresser et je sentais mon nez manquer d'air.
Mais je me sentais bien.
Calme.
Apaisé.
Je me laissais emporter, qu'importe la finalité.

Nous avancions dans ces profondeurs.
Nous nous approchions de la finalité…
Dans cet épais mur d'eau accompagné par ce bras végétal, je sentais des odeurs de brûlé.
Des odeurs de noyés.
Des odeurs de douleurs.
En s'enfonçant, les odeurs s'exclamaient.
Elles firent brûler mes narines avec une puissance déconcertante.
Elles étaient tellement intenses qu'elles firent fuir l'olfaction. M'immunisant au parfum de l'enfer.

Je me retrouvais donc sans cœur, sans bouche, sans odorat.
Avec des pieds de palmes et des oreilles dégonflées.
Comme pour me donner raison d'être ici.
Tout ça, guidé par un végétal semblant venir d'ailleurs.
Plus ce long lasso me tirait vers le fond, plus il évoluait sur mon corps.
Il entourait chacun de mes membres avec tendresse.
Comme une caresse.
La texture de sa peau disait peu à peu adieu à la texture de l'herbe.
À la place, il recopiait celle des mains fragiles qui caressait mon corps autrefois.
Au fur et à mesure, il s'appropriait mon corps sans aucune retenue.

Pendant que cet étrange être s'aventurait sur les plus intimes de mes plis, des souvenirs noyés firent surface.
Le premier s'exclama lorsqu'il serra mon mollet droit.
Ce souvenir était celui d'une journée déjantée.
Elle et moi étions dans le noir complet, éclairés par une seule grande source.
Nous étions encerclés de vies et de bruits, pourtant elle et moi en pleine intimité.
Une première aube des plus burlesques…

Ce long filon remonta jusqu'au plus haut de mes cuisses.
Je me rappelais soudain cette journée.
Celle où nos corps se rencontraient pour la première fois.
Je brûlais de gène et d'ignorance. Toi, tu me paraissais si sereine.

Cette soyeuse liane s'attaqua à mon ventre.
Je me souvenais soudain de toutes les fois où nous nous enlacions.
C'étaient les seuls instants où je sentais nos deux âmes bouillir au sein de mon corps.

Elle enserra mes épaules, sans difficulté.
Mon cerveau immergé me rappela ces soirées.
Je passais des heures pour t'écrire sur le papier de mon navire.
L'obscurité cachait hargneusement ton visage. Je me contentais donc de ces écrits et de la maigreur de tes réponses.

Je ressentis mon dos se faire lui aussi conquérir.
Je me rappelais que je sentais ta gentillesse et ta bonté à travers chaque millimètre de ces brins verts. J'aurais aimé savoir te le dire en face.
J'aurais aimé t'avouer à quel point tu me plaisais.
J'admets que ton assurance et ta joie de vivre m'effrayaient.

Tous ces souvenirs…
Je ressentais à nouveau ces émotions révolues.
Comme si cette curieuse lance avait la force de me les faire revivre éternellement.
Comme si elle m'emprisonnait par la nostalgie.
Elle venait d'envelopper quasiment tout mon corps.
Néanmoins, je ne me débattais pas.
Pour une fois, je me sentais vivre.
Vivre par nos souvenirs, ce n'est pas exister…

Cette liane mélancolique commençait à conquérir ma tête.
Je restais stoïque. Captivé par ces pensées.
Je pensais que rien au monde ne pouvait stopper ce bonheur absolu.
Cette sensation d'euphorie me paraissait parfaite.
Je sentais les dernières bulles d'air s'échapper de mon nez.
J'avoue que ça m'angoissait énormément.
Malgré tout, je voyais ça comme la meilleure des fins.
C'est alors que, juste avant de me bander les yeux,
j'aperçus furtivement le visage de cette entité.
Je voyais soudain une chose immonde.
Effrayante. Terrorisante.
Elle avait un regard rouge, assoiffé par le sang.
Un regard si fort qu'il perça le noir.
La liane qui composait son corps était d'un vert olive profond et pourri, la rendant invisible d'aussi bas.
Ce corps, qui s'emparait du mien, était celui d'un serpent au corps infiniment long.
Un serpent sinistre et redoutable.
Un serpent qui avait envoûté mon esprit.
Un serpent qui avait conquis mon corps jusqu'à le figer.

Dès cette découverte, je me suis acharné pour prendre la fuite.
Mais je manquais cruellement d'air.
Puis à cette profondeur, je ne parvenais quasiment plus à voir la lumière.
Je ne savais plus où aller.
Mon corps m'avait lâché.
Il a préféré succomber au charme de ce cobra plutôt que de périr par ma haine contre lui.

Mon esprit, déchaîné de peur et de colère, était donc coincé dans cette enveloppe séduite par mon ennemi.
J'étais terrorisé par tout ça.
Je sentais la peur brûler mon corps de l'intérieur.
L'eau qui engloutissait mes poumons commençait à bouillir par la peur.
Je m'efforçais de dégager ce monstre de mon corps.
Mais mes mains refusaient de m'aider.
Elles aussi étaient sous l'emprise de la nostalgie et de ce foin marin empoisonné.
Plus rien ne s'animait à l'extérieur de moi.
Uniquement l'effroi…
Je ne réagissais plus.
Mon visage arborait un sourire idiot et satisfait.
Aucunement désiré.
Mes yeux, quant à eux, semblaient éteints.
Comme hypnotisés.
À l'intérieur, j'étais terrifié.
Dégoûté d'avoir cédé à la nostalgie.
De m'être abandonné à la facilité d'être enfoui.
Je ne pouvais même plus agir.
Il était trop tard.
J'étais condamné.

Je remontais alors ma tête pour voir l'infime filet de lumière qui s'offrait à moi.
Je ne l'apercevais pas réellement. Je pense en réalité que le manque d'air créé en moi des sortes de mirages.
Pendant que le serpent s'enfonçait dans le trou qu'avait laissé mon cœur,
je levais les yeux au ciel pour ne pas me voir m'éteindre.

En ces dernières heures obscures,
Je disais adieu à ce cher corps.
Tandis que le serpent, affamé, remontait tout doucement vers mon visage.

Puis durant ces dernières secondes six pieds sous mer, j'aperçus mon reflet dans les yeux rouges du démon.
Ça n'était plus le mien.
C'était devenu celui d'un naufragé guidé par la colère et la peur.
Par la fatigue et la facilité.
Assoiffé par l'amour. Assoiffé par le calme.
Assoiffé par l'envie de compter pour quelqu'un.
Assoiffé par le besoin de soutien.
Dirigé par tout ce qu'il fuyait. Par tout ce qui l'a fait fuir.

Ce reflet déchiré,
ce reflet inconscient et submergé,
c'était celui d'un naufragé déjà noyé.
Un naufragé ensorcelé.
Un naufragé dépassé et incapable.
Un naufragé voué à abandonner son corps aux abysses…

Chapitre 5
Un cri pour l'océan

Il faisait noir.
Une obscurité pleine de douleur dominait ce vide.
Ne laissant aucune place à la lumière.
Les dernières secondes qui m'opposaient à mon reflet semblaient éternelles.
Elles s'écoulaient.
Je pouvais presque entendre chaque grain tomber dans le sablier.
Mes idées noires semblaient soudainement si claires.

J'étais terrifié.
Bouffé par l'angoisse.
Noyé par la peur.
Durant toutes ces années de naufragé,
je n'ai fait que subir l'océan.
Subir mon navire.
Pourtant, c'est lui qui m'a offert la vie lorsque tout s'écroulait.
C'est lui qui m'a permis de remonter,

renforcé par l'échec,
pour reprendre la route à ses côtés.
Malgré ça,
je m'empoisonnais par la colère.
Je me laissais brûler par la mer.
Sûrement par déception.
Pour éviter l'humiliation.

Finalement, j'ai toujours cru que ma place était sur l'île.
Avec les autres enfants.
Que personne de cet âge n'avait à vivre de telles aventures.
Que nous n'avions pas à supporter la défaite et la douleur.
Pourtant, je ne suis plus un enfant.
C'est vrai, j'en étais peut-être un quand j'ai atterri dans ces flots.
Puis l'ardeur, la douleur, l'échec et la peur m'ont fait grandir.
Transformé.
Ça m'a fait évoluer.

J'ai connu l'amour.
J'ai connu l'espérance.
Puis j'ai rencontré la déception.
La colère.
L'échec.
J'ai goûté aux odeurs de l'enfer.
J'ai goûté aux saveurs des profondeurs.

Je pensais qu'avoir frôlé la noyade aussi tôt m'avait bloqué dans l'âge enfantin.
Mais ça n'a fait que me faire grandir cent fois plus.
Cent fois plus tôt.
Non.
Je ne suis plus un enfant.
Je n'ai pas vraiment souvenir de l'avoir été.
Pourtant, j'ai besoin d'aide.
Tout adulte a besoin d'aide.

J'ai besoin de soutien pour supporter l'eau salée.
J'ai besoin de main sur mon épaule.
J'ai besoin d'être la main sur l'épaule de quelqu'un.

C'est un cri à la surface que je pousse six pieds sous mer.
Un cri sans son qui résonne dans ma tête.
C'est un cri pour ce navire.
Pour mon corps merveilleux,
aussi bondé de failles, soit-il.
Un cri pour l'océan.
Pour ces vagues. Pour mon île.
Je crie en tant qu'adulte.
Je crie car je veux que toute la mer m'entende.
J'ai passé ma vie à pourchasser une idylle. Une fantaisie.
Mais elle a toujours été là.
Une existence pleine d'échecs et de leçons de vie, c'était ça mon utopie.

C’est dans la plus profonde des obscurités qu’on admire la lumière…
C’est alors que, dans les yeux sanglants du démon, je vis autre chose qu’un regard malicieux.
Il semblait avoir compris mon éveil.
Son regard était stupéfait.
Le mien était rempli d’un mélange d’amertume et de confiance excessive.
Par l’étonnement, il desserra son enveloppe de la mienne.
Alors, je débloquai l’accès à mes membres.
Eux et moi semblions être à nouveau fusionnels.

Je profitai alors de la stupeur de ce monstre pour l’arracher de mon corps.
Je pris la fuite vers les hauteurs.
Il me suivait hargneusement. Fit passer son corps sur le mien pour m’apaiser. Me contrôler.
Me faire croire au confort.
Me faire sentir à nouveau aimé.
Mais je ne vivais plus pour ça.
Mon corps non plus, car je l’aimais déjà.
Ces mirages ne marchaient plus.
La lumière du jour estompait peu à peu ces noirceurs.
Mais je manquais d’air.
Je m’étouffais par l’amer.
Ma vision se troublait.
Mon corps, épuisé, prenait la fuite uniquement par réflexe.

Le serpent commençait peu à peu à reprendre le dessus.
À me rattraper.
Ma confiance commençait à se mélanger à ma peur.
Mes membres s'emportaient par terreur.
Puis soudain, un miracle apparu.
Je vis à la surface l'ombre d'un navire.
De mon navire.
Il était de retour.
Arraché de partout.
Taché d'encre informelle.
Mais il m'attendait stoïquement à la surface.
L'espoir l'habitait.
Lui aussi semblait avoir entendu mon cri insonore.
Compris mes remords.

J'utilisais chaque partie de mon corps fracassé pour le rattraper.

Pour éloigner l'ennemi.
Cette longue langue, qui composait son corps, m'agrippait par des souvenirs révolus.
Elle me marchandait par des idylles chimériques.
Mais à quelques brasses d'ici j'apercevais mon unique utopie.

Pour la première fois, le courant me poussait vers la surface.
Il m'emportait vers mon vaisseau.
Mes oreilles se regonflèrent à nouveau.
Aidant mes bras à m'amener vers le haut.
Par tout ça,
le serpent prenait du retard, aveuglé par la lumière.
J'usais de mes dernières forces pour une dernière nage.
Je vis la silhouette du serpent se confondre à l'obscurité, maintenant lointaine.
Mes yeux se fermèrent par fatigue.
Mes bras se brisèrent par l'abysse.
Le bruit de la surface s'accentua peu à peu…

Sur cette mer calme où un navire rempli de failles régnait.
Des bruits criards se faisaient entendre.
Puis, comme contraint par l'instinct, une silhouette imparfaite perça l'océan.
Assombris par l'énorme source noire qui inondait ces aires, les contours craqués de mon navire gris ressortaient de cette défunte mer.

Les vagues m'emportaient vers mon île de papier.
Une partie pendante me servit de pont pour monter à cette place en rampant.
Je caressais avec tendresse ce papier gondolant d'imperfection.
Je repensais à toutes ces mésaventures.
Tous ces échecs.
Toutes ces noyades.
Toutes ces blessures.
Je repensais à mon corps qui, malgré ses déchirures et ses parties manquantes, parvenait à résister.
Je repensais à la sirène et tout ce qu'elle m'a apporté.
Je ne pensais plus à ce qu'elle a emporté.
Je repensais à toutes ces plaies.
Tous ces manques.
Ces absences.
Ces douleurs.
Ces erreurs…

Je me rendais soudain compte de ma force intérieure.
De la chance d'avoir pu remonter d'aussi bas.

Soudain, une encre noire coula de mes yeux.
Elle prit la forme de larmes.
Cette fois, ce plâtre liquide ne tachait pas mon bateau.
Cette fois, cette masse noire peignait ma peau.
Ces deux gouttes noires coulèrent sur ma joue pour se rejoindre sur ma défunte bouche.
Laissant une trace comme preuve de leurs passages.
Elles tracèrent un sourire éternellement reconnaissant.
Un « merci » infini, se formant en un U.

J'aurais dû le craindre.
J'aurais dû tenter d'empêcher cette encre de couler.
C'est la même encre qui a rendu la mer si sombre.
C'est cette même encre qui a grisé le papier de mon navire et l'a marqué à jamais.
Malgré ça, je ne craignais rien.
J'avais confiance cette fois-ci.
Je savais que, qu'importe ce que l'eau salée ferait sur mon corps, elle ne partirait pas.
Les larmes ont le pouvoir de graver la peau.

Je retrouvais ma bouche par mes larmes.
L'encre qui avait transformé la mer en un épais cauchemar venait de transformer mes pleurs en un sourire noir.
À présent, chaque manque sera anesthésié par cette trace.
À présent, je profiterais de chaque vague à chaque instant.

Cela ne faisait que quelques minutes que j'étais revenu ici…
Puis le vent poussa soudainement mon navire.
Je franchissais ces flots pour me confronter au souffle salé.
Pour le moment, je me laissais guider par ce dernier.
J'attendais de retrouver une quête pour le braver.
À la place, j'admirais l'océan.
Ces lames qui tentaient de noyer mon navire.
Celles qui tentaient de le guider.
J'admirais mon navire et sa fermeté.
Toute la beauté d'un papier arraché.
Puis je lui fis une promesse,
autant à lui qu'à moi-même :

Quand les vagues les plus fortes paraîtront des plus banales, je me tournerai vers la beauté des gouttes d'eau ridant l'océan.

Chapitre 6
Surfer sur la vague

Une année entière s'était écoulée.
Durant ce long moment, les vagues et le vent m'emportaient.
Je ne m'étais plus débattu depuis la noyade.
Je n'ai fait que suivre le courant.
Ni quête. Ni but.
Juste l'instinct de survie qui me forçait au repos.

J'ai pu reprendre des forces pendant cette absence de circuit.
Mes os se sont renforcés.
Les déchirures sur mon corps ont cicatrisé.

L'absence de l'odeur m'a habituée.
L'écume de la mer a, quant à elle, bouché les trous de mon navire.
Cette mousse remplaça les parties manquantes.

Par la force du temps, tout s'était plus ou moins réparé.
Les failles jaillissaient à chaque angle de chaque partie de mon corps.
De l'eau s'infiltrait quelques fois par les creux de mon bateau.
Mais c'était supportable. Vivable.
Une situation de confort, sans effort,
qui m'avait bercé pendant un an.
Un an sans grande vague à graver.
Sans océan à conquérir.
Sans noyade.
Sans rien.
Je pouvais profiter du repos durant quelques très longs instants.
Mais la monotonie d'une vie sans circuit me lassait…

C'est en admirant la mer que je découvris en moi le besoin de quête.
Je contemplais ces vagues, se disputaient les rames.
Ainsi que le vent qui recourbait ses lames.

Une envie de risque perçait l'accalmie.
Pourtant, j'avais encore en moi cette peur des profondeurs.
La crainte des contraintes de l'océan.
Malgré ça, l'envie de recourir à ces ères noyait mon esprit réfractaire.
Alors, sur le bord de mon navire,
je réfléchissais à la manière de débuter ma quête.
Celle qui me donnera un coup d'avance.
Celle qui aura conscience de mon passé submergé.
J'avais à nouveau besoin de tenter l'impossible.

Après ma noyade, je pensais être revenu à la case départ.
J'étais découragé de repartir d'aussi bas.
J'avais tort.
Je revenais simplement à la base de mon échec.
Avec une centaine de bagages en plus.
Avec des connaissances réservées à ceux qui perdent.
Je m'apprêtais à débuter le même combat.
Cette fois, j'avais avec moi de nouvelles armes.
Oui, la vie a le don de nous faire affronter nos échecs passés.
Même des années plus tard.

En repensant à tout ça, j'admirais la mer.
Je remettais en question ma place ici-bas.
Puis soudain, je vis au loin une vague.
Elle évoluait en absorbant ses frères lames.
J'avoue que lorsque je la voyais au loin, j'étais perplexe.
Elle me semblait si familière…
Une chose étonnante l'habitait.

Une sorte de mélancolie abstraite.
Une mélancolie qui l'habitait dans chacun de ses atomes.
D'apparence, cette lame d'eau semblait accueillante.
Sa pointe baignait dans la lumière.
Mais en regardant un peu plus loin,
c'est un creux titanesque qui l'habitait…

Je voyais en elle l'occasion rêvée de prendre de la hauteur.
Il fallait que je réussisse à la franchir sans chuter.
Il fallait que j'atteigne son pic pour la contrôler.
Ça n'était pas un besoin, ni même une obligation pour exister.
C'était peut-être trop tôt pour tenter aussi gros…
Mais je refusais de passer à côté.
Je voulais saisir l'occasion.
Il le fallait. Je voulais rendre fier chaque faille qui me composait.

Les vagues qui la devançaient m'avaient fait comprendre une chose.
Mon navire est trop lourd pour atteindre la pointe de cette lame sans la briser.
Il manquait d'équilibre.
Je devais m'en éloigner le temps d'une vague.
Durant tout le temps que je passerai là-haut,
il restera à la base de cette montagne d'eau.
Si je venais à chuter, mon bateau m'accueillerait à nouveau.
Jusqu'à la prochaine.
J'avais fini par saisir à la perfection la manière d'utiliser ma maison flottante.

J'avais compris ceci :
Les navires sont une zone de protection.
Il n'en reste pas moins essentiel de s'en éloigner pour progresser.

Je trempais alors mes pieds de palme dans l'eau.
Ce poids, qui prenait tant de place sur mon navire, allait soudain servir.
La vague arriva.
Elle se rapprochait de moi avec une force envoûtante.
Je sentais son souffle caresser mes pieds.
Puis l'écume qui venait s'écraser sous ces derniers.
Son souffle s'accentuait comme une valse déjantée.
En prenant mon temps et en gardant foi,
je parvenais peu à peu à gérer la force de cette vague.
Mes pieds semblaient être destinés à la rencontrer.
À gérer sa force pour s'en servir comme un socle pour m'élever.

Peu à peu, la vague m'emportait.
Elle me faisait grimper à son sommet.
À certains moments, son contrôle m'échappait.

Par conséquent, des reflux d'eau gelée s'éclataient sur mon visage.
J'admets qu'à leurs rencontres, ils refroidissaient ma confiance et ma volonté.
Malgré tout, je gardais foi.
Je continuais de prendre de la hauteur.
Malgré les reflux, malgré la force de la vague,
j'avançais.
L'équilibre se corsait peu à peu.
Mais je ne craignais pas la chute car, à travers le noir mat transperçait par le soleil des hauteurs,
j'apercevais mon navire.

J'approchais de la pointe.
Je gardais la face devant cet équilibre bancal.
Mon corps fin comme la raie d'un papier était devenu parfait pour ces hauteurs.
Idéal pour garder la stabilité d'une houle agitée.
Tous mes défauts semblaient parfaits pour ce contexte d'exception.
La grandeur de ce monstre d'eau m'offrait une vision unique de ces environs.
Je prenais bien plus de recul depuis là-haut.
J'avais de bien meilleures idées de directions.
Des idées de destinations à atteindre.
Tout était mille fois plus clair.
Ma situation devenait soudain agréable.
Parfaite pour mon idylle.
Maintenant, grâce à l'échec et à ma détermination,

j'avais fini par dompter l'océan.
Grâce à lui, j'allais bien plus vite et je n'étais plus soumis la surface.

J'avais finalement réussi à ne plus subir ces remous et ce courant de glace.
Du moins, j'avais réussi à le détourner à mon avantage.
J'avais réussi à détourner mes défauts.
J'étais parvenu à grimper cet amas liquide de sel et de lames.
J'y étais parvenu grâce à ce que je considérais comme mes failles les plus grosses.
Grâce à mes pieds de palmes.
Grâce à mon corps allongé et décharné.
Au gré du vent,
du courant,
de mon corps arraché,
des profondeurs et de l'océan,
Je m'élevais enfin vers de nouveaux horizons.

Chapitre 7
Et le soleil brillera

Nous voilà un an plus tard.
Bien après avoir monté cette vague pour la première fois.
Entre-temps, j'ai pris du recul sur toute cette aventure.
Sur le tsunami, qui débuta ma vie.
Sur mon aventure avec la sirène, qui l'enjouait.
Sur ma noyade, qui redonna un sens à mon existence.
Puis sur la vague que j'ai dressée.
Pendant ce temps, j'ai tiré une conclusion grossière de ce vécu.
Évidemment que cette conclusion est futile…
Des mois ne suffisent pas à définir une vie.

J'ai remis ces mésaventures en question.
J'ai appris à admirer les remous qu'ils m'ont laissés.
La noyade était passée.
J'avais survécu.
À présent, je parvenais à admirer les cicatrices que cette autolyse m'a laissées.

J'admirai tous ces souvenirs indélébiles tracés sur mon corps.
Je n'éprouvais plus de honte.
Ni même du dégoût ou de la colère.

À la place, j'éprouvais une fierté.
Une fierté envers ma ténacité.
Une fierté envers ma foi.
Un corps avec du vécu,
bondé de réussite.
Bondé de leçons.
C'était tout ce que je voyais en contemplant ma silhouette dans l'eau noire.

J'étais aussi infiniment fier de mon navire.
J'avais fini par apprendre à admirer ses plaies.
À mes yeux, il ne s'agissait plus uniquement de papier arraché.
C'était bien sa peau. Son corps.

J'y prêtais bien plus attention qu'avant.
J'entretenais mon navire avec un soin énorme.
Si bien que sa couleur grisâtre disparût peu à peu.
Mais pour être tout à fait honnête,
j'apprends encore à panser ses plaies.

Lui et moi, nous continuons notre épopée maritime.
Plus fusionnel que jamais.
Brisés de toute pièce, mais recomposés par la foi.
Nous recollions nos pièces par l'écume des émois.

Nous profitions de ces mésaventures pour en tirer le plus de conclusions possible.
Pour continuer à se renforcer et à parcourir l'océan.
Moi, je ne m'abandonnais plus à la flotte.
Je grimpais cette vague en croissance pour reprendre un peu d'air.
Puis je redescendais sur mer pour entretenir mon navire.
Pour tenter de l'embellir.
Pour le réparer quand il s'écorchait sur une de ses lames salées.

Lui, il continuait de m'accueillir, moi et mes six mille failles, pour parcourir cette ère à mes côtés.

De plus, j'avais un nouvel atout.
Une chose gravée sur ma peau.
La plus belle des cicatrices…
Ce sourire indélébile me permettait de garder la face contre ce noir continu dans lequel je voguais nuit et jour.
Il m'offrait un second souffle à chaque fois que je manquais d'air.
Il me permettait de me remémorer ces leçons de vies.
Celles qui ont inondé mon parcours.
Pour ne jamais les oublier,
je les ai inscrites sur la peau de mon bateau.
Cette fois, l'encre ne déteignait pas sur la mer.
Elle ne déteignait pas sur la mer, car ces lettres avaient quelque chose en plus…
La sincérité et l'espoir intemporel rendaient ces mots indissolubles.
Ils devenaient invincibles lorsque le sel leur causait du tort.
Puis ces inscriptions rajoutaient quelque chose à mon navire.
Un partage de vécu entre lui et moi.
Sans-gêne.
Sans peur de nous tacher.
Ça rendait le voyage plus équilibré.
Jamais cette croisière en plein air n'avait été aussi saine.

Le bonheur d'une vie arraché redonnait sens à l'épopée.
Je ne vivais plus pour compenser l'absence.
Je vivais par l'absence.
Elle ainsi que le manque sont une partie essentielle de notre existence…
À présent, je vivais pour vivre.
Pour apprendre.
Conquérir l'océan et grimper ses vagues ne sont qu'un plus.
Un bonus.
L'obsession s'est noyée dans la mer.
Le manque et l'absence se sont trouvés une place dans le trou où logeait mon cœur.
Moi, j'ai continué à apprendre à vivre.
À apprendre à profiter de chaque instant comme de la plus belle des récompenses.

Je m'étais habitué à ce noir continu.
Je ne le craignais plus.
L'amnésie de couleur ne m'atteignait plus.
À la place, je contemplais la beauté d'un paysage en noir et blanc.
Je contemplais ce ciel en lavis sur ces traits courbés d'opaque noirâtre.
Je contemplais le miroir terne qu'un noir profond faisait naître à chaque rayon.
J'admirai cette ère unique.
Celle dans laquelle j'évoluais.
J'admirai ces flots obscurs.

Le fruit de mon erreur.
Le fruit de mes écrits passés…
Pour la première fois,
l'échec n'était plus un fardeau.
C'était devenu une chance.
La chance de ne pas reprendre à zéro.
La chance d'évoluer en chutant d'aussi haut.

Aujourd'hui, je vis.
Je vis dans le même emplacement que je craignais.
Avec plus ou moins le même navire.
Avec plus ou moins le même corps.
Mais cette fois-ci, j'ai fait le choix de vivre.
Vivre pour moi.
Pour cet emplacement.
Pour ce bateau.
Ce corps…
Je vis avec la conscience de ma chance.
Je vis avec la gratitude de l'échec.
Je vis avec la joie d'avoir vécu l'amour.
Je vis en ayant accepté cette vie.
En ayant appris à l'aimer et à l'admirer.

Aujourd'hui,
j'écris un ouvrage sur mon navire.
Le même ouvrage que vous lisez.

Je l'écris sur la peau blanche et texturée de mon plus fidèle acolyte.
Le seul à avoir tenu face à ces vents contraires.
Je l'écris pour qu'à ma prochaine noyade,
mes textes transpercent l'océan.
Je l'écris pour que, si mon vaisseau le défie avec un autre hôte, il puisse lui apprendre mon vécu pour lui éviter mes erreurs.
Je l'écris pour faire de ces erreurs une leçon.
Pour en faire une preuve.
Montrer que chaque noyade à son intérêt.
Montrer que même la plus sombre des mers à une beauté à admirer.

Je suis fier d'avoir raté.
Infiniment fier de naviguer en étant aussi bancal et fragile.
Je suis fier de ces émotions que je ressens.
Fier de cette absence que je discerne à chaque instant.
Je suis fier d'avoir écrit l'inexplicable.
D'avoir peint l'indiscernable.
Je suis fier de voguer sur un papier connaissant toutes mes failles.
Je suis fier qu'il soit inscrit sur lui la plus banale et poétique des vies.

Banale, oui…
Remettez ce parcours en question.
Placardez-le dans ces cases que vous appelez le réalisme.
Oui, je n'ai peut-être rien vécu d'exceptionnel en soi.
Peut-être ne suis-je pas l'un de ces battants ayant survécu à un vécu cauchemardesque et hors du commun.
Moi, je vous parle d'émotions.
De sentiments.
Des sentiments triplés par la fragilité d'un corps aussi fin.
Alors ne vous arrêtez pas au fait.
Faites l'effort d'ouvrir votre cœur pour aller plus loin.
Ne sous-estimez pas la perception.
Mon vécu importe tout autant que celui d'un autre.

Voilà qui je suis.
Je suis…
Squelettique et magnifique.
Dompteur des eaux.
Avec un sourire noir de peau.
Invincible par les flots.
Voguant dans un bateau teinté de force et de courage.
Je suis un battant.
Armée d'optimisme et de foi.
Je suis un grand naufragé.
Plus jamais submergé.

Fin.
Jusqu'à la prochaine vague…

Chapitre 8
Des mots pour cette croisière

Il y en a eu des mésaventures depuis que j'ai commencé à voguer avec ce navire.
Des histoires fabuleuses.
Des histoires malheureuses.
J'aimerais écrire un mot à chaque soutien.
Chaque protagoniste de cette histoire.
J'aimerais honorer leurs présences.
Leur écrire pour leur dire à quel point je les remercie.

Commençons par mon île.
Elle a été le lieu qui m'a vu naître.
C'est sur elle que j'ai marché pour la première fois.
Que j'ai découvert les bonheurs du monde,
encerclé de mes deux rosiers.
Lors du tsunami,
j'ai perdu les bienfaits d'une terre germant à ses pieds.
Par deux éléments contraires, toute une vie fut emportée.
Cette absence a créé des failles en moi.
Ces failles m'ont emporté dans une épopée suicidaire.
Puis après m'être tenté à la noyade,
j'ai appris à compenser cette absence.

J'ai fini par faire le deuil de cette ancienne vie.
J'ai fini par ne plus regretter cette existence idyllique.

Merci d'avoir créé en moi ce manque en moi.
De m'avoir forcé à la quête de ma raison de vie,
malgré les risques que j'encourais.
Je te pardonne d'avoir disparu.
Je pardonne à ces rosiers d'avoir été emportés par leurs émois.
Je pardonne à ces éléments de s'être monté la tête jusqu'à l'implosion.
Cette île me manque, évidemment.
Malgré tout,
je ne peux qu'admirer les bienfaits que cette souffrance m'a apportés.
Elle m'a créé.
Elle m'a détruit pour me permettre de me reconstruire.
Elle m'a noyée pour m'apprendre à profiter.
C'est toi qui as enclenché tout ça.
Par ailleurs, c'est en partie à toi que je dois cette finalité.
Durant cette épopée, je n'ai pas appris à respirer sous l'océan.
À la place, j'ai appris à profiter de chaque inspiration à la surface.

Maintenant, je m'adresse à mon navire.
Tu es bien des choses à mes yeux…
Celui qui m'a porté dans cet amas d'eau salé.
Celui que j'ai négligé durant quelques trop longues années.
Tu étais toujours là pour me porter.

Qu'importe ce que l'océan me disait.
Je t'ai sous-estimé.
Je t'ai négligé jusqu'à ma noyade.

Lors de ma remontée, toi, tu étais là.
À contrer le courant, seul.
Tu avais changé.
Tu n'étais plus le même.
Comme habité par une autre personne.
Sous ces vagues noires, tu me ressemblais pourtant fort.
J'avais donc changé aussi.
Les frottements des vagues sur mon corps fin m'ont déformé.
Exactement comme toi.
Après ça, j'ai appris à t'aimer.
Te considérer.
Être enjoué par ton existence.
Être fier de ton existence.

Il y a un moment maintenant, je t'ai posé sept questions sur le papier mensuel avec lequel je t'écrivais.
Ces sept questions t'ont semblé futiles.
À côté de la plaque.
Crois-le ou non,
mais ils m'ont apporté bien plus que tu ne peux l'imaginer.
Ça et nos nombreuses failles que l'océan nous fait corriger.
Elles m'ont apporté la force de te dire ça à la vue de tous,
avec comme seule intimité notre vécu commun :

Voguer à tes côtés fut un honneur.
Grimper ces vagues à tes côtés fut un bonheur.
Te voir aussi téméraire m'impressionne.
D'un papier arraché, tu illumines cette traversée par une foi redoutable.
Semblable à celle de la sirène.
Mais bien plus pure. Plus sincère…
Soyons honnêtes.
C'est toi qui m'as réappris à écrire tout ça.
Ma gratitude envers toi m'y a contraint.
Ma colère aussi parfois.
Sache qu'à nos prochaines vagues, je serai prêt à diriger.
À contrarier la mer et l'affronter à tes côtés.
Navire invincible,
Navigateur d'eau salée,
sache que je t'aime.
Je t'aime d'un amour fraternel.
Aussi fort que le courant déchaîné et les abysses affamés.
Aujourd'hui, c'est à notre tour d'avancer.
Cher bateau téméraire et invincible,
destiné à voguer dans l'esprit de tous,
tu peux compter sur moi maintenant.

À présent,
tout ira bien.

J'aimerais ensuite parler à la sirène.
Quelle découverte fabuleuse…
Tu as fait germer en moi une chose nouvelle.
Un sentiment insoluble.
Lorsque tu as pris les devants, que tu t'es éloignée,
je me suis senti perdu.
Frustré.
Incomplet.
Avec un sentiment qui se partage à deux, que je partageais seul.
Je croyais qu'il s'estomperait par le temps.
Que, comme un dessin d'enfant, il prendrait la poussière.
Quel idiot j'ai été !
Le temps l'a accentué.
Au point de faire de toi une obsession.
J'ai couru l'océan pour te retrouver.
J'ai couru au point d'oublier la raison.
La frustration m'a bernée.

Aujourd'hui, j'ai pris du recul sur tout ça.
J'ai écrit des excuses à la base de mon navire.
Si un jour je me noie, il parcourra l'océan seul.
Dans l'unique but d'être retrouvé.
Un peu comme une bouteille lâchée en pleine mer.
Sur son papier, des millions d'excuses sont gravées.
Des tonnes de mots que j'aurais voulu te dire avant.
Elles recouvrent le bas de cette peau pâle et gondolante.
La partie submergée par cette eau.
Ces excuses flottent dans ton propre monde.
Dans ces flots.
C'est comme si elles en avaient toujours fait partie…

Je prie le courant pour nous confronter à nouveau.
Cette fois-ci, avec des centaines de bagages en plus.
Des leçons.
Des tonnes de choses à te dire et te redire.
Si bien que tu puisses passer une décennie à m'écouter.
Mais j'apprendrai aussi à t'écouter.
À ouvrir grand les oreilles et les yeux pour profiter de chaque seconde de nous deux.
Nous deux,
sous une nouvelle forme.

Sirène, j'ai connu toutes tes facettes.
Je repense à chacune d'elles, chaque jour.
Tu as en toi la force et la beauté incarnées.
Tant de mots que je pourrais palabrer encore et encore.
Aucun d'eux ne saurait te décrire.

Comment dire…
Tu es tout ce que j'ai jamais su aimer.
Et j'attends ton retour, sous n'importe quelle forme.
Sous la forme de la sirène qui saura m'aimer comme je l'aime.
Pour pouvoir enfin réapprendre à profiter de l'insoluble.
Pour pouvoir enfin montrer que j'ai appris la leçon.
Quand tu croiseras des vagues semblables à des lames, parle-leur.
Elles te connaissent et voient en toi mon défunt cœur.
Tu sais, j'ai passé huit ans à leur décrire ta splendeur.

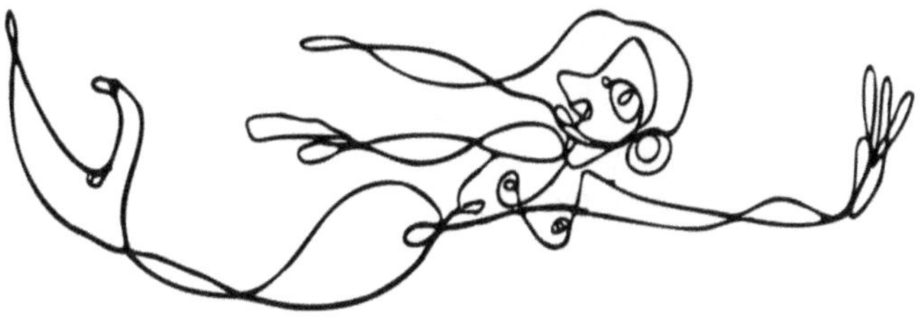

Pour finir, j'aimerais parler de l'océan.
J'ai vogué sur ces lieux pendant de longues années.
Je continuerai encore d'y voguer.
Le courant m'a emporté quand je l'ai défié.
Les lames d'eaux salées m'ont écorché de nombreuses fois.
Toutes ces choses m'ont fait haïr l'océan.
Puis après être parvenu à contrôler une vague et à ne plus subir ces flots,
je me suis questionné.
Le problème est-il réellement l'océan ?

Nous sommes ses habitants.
À mes yeux, ça n'est pas à nous de tenter de le contrôler.
Le contraindre à nos envies.
Je ne jugerai aucun choix comme bénéfique pour des milliards d'êtres vivants.
Je ne me permettrai pas de parler au nom du monde.
Personnellement, je laisse ça aux audacieux.
À la place, j'ai appris à m'élever grâce à ce milieu.
Ce même milieu que je craignais.
Je n'estime pas avoir la science infuse…
Ni même l'omniscience.
En revanche, je sais une chose :
Vouloir modifier l'océan,
c'est avoir la responsabilité de garder l'équilibre.
Moi, je me contenterai de l'apprivoiser.
Le détourner à mon avantage,
sans jamais briser la stabilité de ce dernier.

Apprenez aussi à apprivoiser ces ères à votre avantage.
Ne vous efforcez pas de tenter de le modifier.
Ni même à vous rebeller contre lui.
Vous n'y parviendrez pas.
C'est un combat sans espoir.
Vous savez,
on est tous des naufragés un jour ou l'autre…
La vraie force d'un naufragé,
c'est de parvenir à détourner le courant pour suivre son propre chemin.

L'océan m'a vu grandir.
L'océan m'a fait grandir.
Il est une partie de mon enfance.
J'aurais pu me sentir envieux envers ceux qui l'ont passé sur leurs îles.
Mais je ne le suis plus.
Aujourd'hui, je suis fier de mon vécu.
Je ne regrette pas les choses qui ont été emportées.
Car aujourd'hui, j'avance !
Je ne regarde plus en arrière, sauf pour voir le progrès du chemin.
Merci océan.
Merci de ta fermeté, merci pour tes violences.
Les meilleures lames sont frappées sans cesse pour être forgées.
Je suis comme l'une d'elles ;
Je suis fin d'apparence, mais conçu d'un alliage redoutable.

Je ne suis pas si différent de ces vagues finalement…
La différence c'est que moi,
j'avance selon mon sens.

Durant ce parcours, je n'ai appris à respirer sous l'eau.
J'ai appris à profiter de chaque respiration à la surface.

On dirait bien que c'est finalement arrivé...
J'ai su poser des mots sur tout ça.
C'est étonnant. Tout paraît bien plus calme maintenant.
La mer semble s'assagir pendant que mon pinceau termine de tracer les courbures de ces lettres.
J'entends malgré tout le bruit de l'orage au loin.
Il gronde droit devant, vers le nez de mon navire.
J'en conclus que l'accalmie est temporaire...
Peu importe, l'épopée n'est pas terminée.
Loin de là.
Je relève mon menton pour confronter ces eaux lointaines.
J'avance à pleine vitesse vers ce son coléreux.
Sans stress.
Lorsque je serai dans la tempête,
je poserai des mots sur chaque éclair.
Chaque coup de tonnerre.
Chaque vague qui crachera sur mon vaisseau.
Le calme s'écrit.
Il se peint.
Moi, j'avance hargneusement.
En profitant de ces instants de quiétude que le contre-courant m'a offerts.

Comme quoi… La mer n'est pas si mauvaise finalement.

Épilogue

Ces écrits se révélèrent à l'auteur à travers un miroir.
Là où son jumeau résidait.
Ils disaient ceci…

Les dernières gouttes obscures s'étendirent sur la mer noire.
Je les percevais encore d'aussi bas.
J'apercevais aussi ce chiffon de papier si aimant.
Il errait seul. En plein milieu de milliers de kilomètres de néant.
Lui, il était toujours là.
En revanche, la ceinture d'encre qui m'attachait ici semblait avoir soudain disparu.
Mon corps m'était enfin restitué.

Je repris ce rêve en main.
Je décollai mes pieds joints et remontai peu à peu vers le haut.
Tranquillement…
En prenant soin de ne briser aucun de mes os.

Je n'entendais plus ces flots se fracasser à chaque coup de vent.
Ces sons perçants n'égalisaient plus ceux de l'océan.
La mer semblait bien plus calme qu'à mon assoupissement.
Étonnant…
Je percevais des couleurs vives entre ces mille aplats de noir.

La tempête semble avoir disparu.

Fin...
Puis l'histoire continue.

Ça, ce n'est rien.
C'est simplement une manière de me souvenir du sens de ce livre.
Pour certains, ce symbole vous est familier...
Pour moi aussi.
J'ai toujours aimé détacher l'artiste de l'œuvre pour l'analyser autrement.
Sans l'enfermer dans le vécu de son créateur.
J'ai toujours trouvé ça plus intéressant.
Ce livre est fait pour être analysé de cette manière.
Mais...
Pas seulement.

Vous venez d'explorer un univers unique.
À jamais figé dans le temps.
Beaucoup de parties restent floues dans votre esprit.
Comme si elles étaient inachevées.
Auriez-vous déjà oublié qu'il ne s'agit pas d'une conclusion ?
La suite continue lentement de s'écrire.

Lettre après lettre.
Vous êtes dès à présent en train d'y assister.
Durant l'instant où vous lisez ces mots,
le temps coule.
Goutte après goutte.
Et mon récit avance enfin…

Merci infiniment pour votre lecture.

Oskart, l'infini créateur

Imprimé en France
Achevé d'imprimer en février 2024
Dépôt légal : février 2024

Pour

Le Lys Bleu Éditions
40, rue du Louvre
75001 Paris

www.ingramcontent.com/pod-product-compliance
Lightning Source LLC
Chambersburg PA
CBHW062345010826
49168CB00024B/272

* 9 7 9 1 0 4 2 2 2 3 5 1 9 *